fehler abc

Deutsch - Portugiesisch

von Helmut Rostock

Ernst Klett Verlag für Wissen und Bildung
Stuttgart · Dresden

Inhalt

1. Auflage   1   4   3   2   1 | 1995   94   93   92

Alle Drucke dieser Auflage können im Unterricht nebeneinander benutzt werden, sie sind untereinander unverändert. Die letzte Zahl bezeichnet das Jahr dieses Druckes.
© Ernst Klett Verlag für Wissen und Bildung, Stuttgart 1992.
Alle Rechte vorbehalten.
Druck: Wilhelm Röck, Weinsberg. Printed in Germany.
ISBN 3-12-527880-5

Vorwort

Beim Umgang mit der portugiesischen Sprache werden Sie bereits festgestellt haben, daß Wort- und Satzstrukturen im Deutschen und Portugiesischen in einer Reihe von Fällen nicht übereinstimmen. Wenn Sie zum Beispiel versuchen, zu dem deutschen Adjektiv „leicht" die portugiesische Entsprechung zu finden, müssen Sie zwischen „leicht an Gewicht" (*leve*) und „leicht zu tun, mühelos" (*fácil*) unterscheiden. Ebenso müssen Sie beim deutschen Verb „können" zwischen „in der Lage sein, die Möglichkeit haben" (*poder*) und „gelernt haben, geistig und körperlich können" (*saber*) wählen. Dem deutschen Stichwort sind mehrere Bedeutungen zugeordnet. Im wesentlichen ist es diese Mehrdeutigkeit, diese unterschiedliche Strukturierung der Wortfelder, die immer wieder zu Fehlern führt.

Deshalb will das Fehler-ABC Deutsch-Portugiesisch die Unterschiede auf dem Gebiet der Lexik zwischen den beiden Sprachen bewußtmachen und die Interferenzen, d. h. die Störgrößen aufzeigen, die sich deutschen Muttersprachlern stellen, wenn sie vom Deutschen ins Portugiesische gehen.

Außerdem finden sich unter der Rubrik „Beachte" sehr häufig gebrauchte phraseologische oder idiomatische Wendungen, die mit dem betreffenden Stichwort im Zusammenhang stehen und eine wesentliche Rolle bei der Nuancierung von Äußerungen spielen.

Das Fehler-ABC hilft bei sachgemäßer Durcharbeitung allen, ihre fremdsprachlichen Leistungen in dieser Hinsicht wesentlich zu verbessern.

Gebrauchsanweisung

Bevor man den Inhalt dieses Fehler-ABCs studiert, sollte man sich über zwei Fragen Klarheit verschaffen:

1. Welches sind meine typischen Fehler, d. h., an welchen Punkten muß ich meine Leistungen verbessern?

Sie können das feststellen, wenn Sie die Kontrollaufgaben am Anfang des Buches lösen. Die 50 portugiesischen Beispielsätze weisen Lücken auf und sind durch den passenden Ausdruck zu ergänzen. Die deutsche Entsprechung ist jeweils angegeben. Das „Test"-Ergebnis – sei es gut (mindestens 35 richtige Antworten), sei es schlecht (weniger als 20 richtige Antworten) – wird Ihnen zeigen, wo Sie Fehler machen.

2. Wie verbessere ich meine Leistungen?

a) Sie lesen die zu Beginn der einzelnen Stichwörter gegebenen Hinweise aufmerksam durch und prägen sich das ein, was sie an Neuem enthalten.

b) Danach übersetzen Sie mündlich, besser aber schriftlich, die links gegebenen Beispiel- und Übungssätze.

c) Zur Kontrolle legen Sie die beigegebene Klarsichtfolie auf die rechte Seitenhälfte: die richtige Übersetzung wird lesbar. Sie vergleichen diese mit Ihrer Übersetzung und wissen nun genau, welche Fehler Sie gemacht haben, welche Fehlerquellen Ihnen noch nicht voll bewußt sind.

d) Der Lernerfolg erhöht sich, wenn Sie den Stoff mehrmals von vorn durcharbeiten, d. h. durchlesen, übersetzen und vergleichen. Die Zahl Ihrer Fehler wird immer geringer, und Sie spüren, wie Sie im Gebrauch des Portugiesischen sicherer werden.

e) Es bleibt auch bei mehrmaligem Üben immer ein kleiner Rest von Problemen übrig, die nur schwer in den Griff zu bekommen sind. Diese sollte man am Seitenrand rot markieren und dann das gesamte Fehler-ABC daraufhin nochmals konzentriert durcharbeiten.

Es empfiehlt sich, das Ganze nach einer Woche, dann nach zwei Wochen zu wiederholen. Der Erfolg ist sicher: wie groß er ist, hängt von der Intensität Ihrer Arbeit ab.

Kontrollaufgaben

Die Lösungen finden Sie auf S. 96.

1. Os Romanos começaram a chegar à
   Península Ibérica no século III ... (vor)
   Cristo.
2. A viagem não foi ... . (schlecht)
3. Eu gostava tanto de ... com ele! (spielen)
4. Eles ... a levar a mesma vida de (weiter)
   sempre.
5. Você ... ontem às aulas. (fehlen)
6. Lisboa não é ... grande como (so)
   Berlim.
7. Qual é o ... do terreno? (Größe)
8. Vocês ... isso assim? (lassen)
9. A pasta do João esta ... cadeira. (unter)
10. ... as filhas daquela mulher? (Wie alt sind)
11. De que disciplina (tu) ... mais? (mögen)
12. Os móveis eram ... para o sótão. (bringen)
13. Ele vem ... . (um ein Uhr)
14. Vocês ... de morar aqui? (gern)
15. A revista ... cada mês . (erscheinen)
16. Ele nunca mais foi visto ... o crime. (nach)
17. Eu vejo bem mas ... mal. (hören)
18. O Miguel não estuda ... como a (so viel)
    irmã.
19. Há uma blusa mais ... no roupeiro. (weit)
20. O seu irmão já gastou o dinheiro
    ... ? (ganz)
21. Estive a pensar no que ... dar ao (sollen)
    Jorge, que faz anos no domingo.
22. Então, foi ... encontrar a rua? (schwer)
23. O Pai ainda não sabe se tem de
    ... lá até amanhã. (bleiben)
24. No rés-do-chão temos ainda ... (andere)
    sala mais pequena.
25. Isso é ... de dizer. (leicht)
26. O carro foi ... uma parede. (gegen)

5

27. Tomámos o almoço em menos de ... hora. (halb)
28. O Jorge não fez o trabalho porque não ... . (können)
29. As pessoas gostam cada vez menos de ... . (zu Fuß gehen)
30. Estes vestidos são mais ... que os outros. (kurz)
31. É melhor ... . (so)
32. Não há ... para tanta gente. (Platz)
33. Quanto tempo ... até aqui? (brauchen)
34. Não é só em Dezembro e Janeiro que os portugueses ... de vestir o sobretudo. (müssen/ brauchen)
35. Continuamos a viagem ... Sintra. (bis)
36. Agora ...-nos muitos turistas americanos. (besuchen)
37. Descemos na ... paragem. (nächste)
38. O senhor nem dá ... . (Fehler)
39. Eles ... fotografias das viagens que fizeram. (zeigen)
40. Reuniram-se na ... grande da cave. (Raum)
41. As crianças estiveram a fazer ... . (Spiel)
42. Precisamos de ... a vida com este trabalho. (verdienen)
43. Você ainda não ... as perguntas. (verstehen)
44. As nossas vizinhas é que vão ficar ... de inveja. (voll)
45. Falamos a nossa língua materna correctamente e nem precisamos de pensar se está ... ou errada. (richtig)
46. Como ... são boas, sai da região muito milho, trigo e fruta. (Boden, pl)
47. A mala não está ... . (schwer)
48. Queres que eu te faça ... ? (Gesellschaft)
49. Os autocarros ... gente dos arredores para a capital. (bringen)
50. O motorista do táxi que eu ... no aeroporto levou-me a um hotel perto do Rossio. (bekommen/ nehmen)

Übersicht über die deutschen Stichwörter

mit Seitenangabe

Fehler-ABC: „alle" bis „zunehmen"

1. alle (ganz), alles

todo, todos, toda, todas + bestimmter Artikel + Substantiv
tudo – alles

Er hat das ganze Geld/alles
Geld ausgegeben.
Der Zug hält an allen
Stationen.
Ich sehe alles.
Alle wissen, daß er in einer
schwierigen Lage ist.

Das wußte ich alles schon.
Alles, was er sagte, war
gelogen.
In aller Eile packte er den
Koffer.
Wir nehmen alles Notwen-
dige mit.
Es ist alles im Preis in-
begriffen.

Beachte:

alles in allem – *no total; em resumo*
alle 2 Stunden – *de duas em duas horas*
alles Gute – *boa sorte, felicidades*
vor allem – *antes de mais nada, sobretudo*
Ende gut, alles gut. – *Tudo é bom, quando acaba em bem.*

2. alt

velho – nachgestellt: nicht mehr jung
vorangestellt: nicht mehr neu
antigo – ehemalig; aus früheren Zeiten; dem Altertum
angehörig
usado, gasto – abgenutzt, abgetragen
ter ... anos – ... Jahre alt sein

Er ist schon alt, er arbeitet nicht mehr.

Er ist ein alter Freund.

Er ist schon ein alter Mann.

Der neue Lehrer ist besser als der alte.

Wie alt sind Sie?

Ich bin 46 (Jahre alt).

Sie ist höchstens 30 Jahre alt.

Er trägt alte Sachen.

Beachte:

alt werden, altern – *envelhecer*
hundert Jahre alt werden – *fazer 100 anos*
die alten Griechen – *os antigos Gregos*
das Alte Testament – *o Velho Testamento*
altes Eisen – *ferro velho/usado*

In den letzten Jahren ist er sehr gealtert.

Für wie alt halten Sie ihn?

Mein Kollege ist genauso alt wie ich.

3. Alter

a idade – jeweiliges Alter; Zeitalter
a velhice – hohes Alter

Das Alter spielt keine Rolle.
Sie ist noch sehr rege für ihr Alter.
Man sieht ihr das Alter nicht an.
Er ist sehr groß für sein Alter.
Er ist in meinem Alter.
Er war ein Mann im fortgeschrittenen Alter.

Beachte:
im Alter von 5 Jahren – *com cinco anos de idade*
im schulpflichtigen Alter – *em idade escolar*
im heiratsfähigen Alter – *em idade casadoira*
das Atomzeitalter – *a idade atômica*
das Mittelalter – *a Idade Média*

4. älter

mais velho – älter
idoso – betagt, bejahrt

Mein älterer Bruder ist 19.

Er ist schon älter.
Sie ist ein Jahr älter als ich.

Ich dachte, Sie seien älter.

Seine älteste Tochter hat einen zweijährigen Sohn.

5. (der) ander(e), anders

outro – noch ein (kein Artikel!)
diferente – verschieden.

Wir sind anderer Meinung.

Geben Sie mir bitte ein anderes Paar Schuhe.

Das ist etwas anderes.

Weder der eine noch der andere hat recht.

In diesem Punkt liegt die Sache anders.

Beachte:

kein anderer – *mais ninguém*
nichts anderes – *nada mais*
alles andere – *todo o resto*
unter anderem – *entre outras coisas*
ein andermal; noch einmal – *outra vez*
sich eines anderen besinnen – *mudar de opinião*

6. aus

de – von … aus, aus … heraus, gebürtig aus
ser (feito) de – aus etwas (gemacht) sein
desde aqui, a partir daqui – von hier aus
por – aus (fig: Grund, Motiv)
estar fora de – aus etwas heraus sein
acabado – aus, beendet sein

Meine Mutter stammt aus Mainz.

Ist diese Tasche aus Leder?

Es ist alles aus.

Sie hat es aus Liebe getan.

Von hier aus hat man einen herrlichen Ausblick.

Sie hat den Schlüssel aus dem Fenster geworfen.

Das ist aus der Mode.

Aus welchem Grunde hast du ihn verlassen?

Beachte:

aus einer Entfernung von – *a uma distância de*
aus erster Hand – *em primeira mão*
von mir aus – *por mim, quanto a mim*
Ich weiß weder ein noch aus. – *Não sei que fazer.*
EIN – AUS – *LIGADO – DESLIGADO*

7. bei

com – mit
em casa de alg – bei jdm zu Hause
perto de – in der Nähe von
junto a – einer Institution angeschlossen
durante – während (zeitl.)
estar a + Infinitiv des Verbs – gerade etwas tun
ao + Infinitiv des Verbs – bei, beim

Offenbach liegt bei Frankfurt.

Ich schlafe bei offenem Fenster.

Sie war beim Mittagessen, als das Telefon klingelte.

Es ist eine Organisation bei den Vereinten Nationen.

Soviel Geld habe ich nicht bei mir.

Wollen wir bei mir (zu Hause) etwas essen?

Bei genauerem Hinsehen stellten wir fest, daß der Ring nicht aus Gold war.

Beim Essen liest er gewöhnlich die Zeitung.

Bei diesem Wetter gehen wir nicht hinaus.

Beachte:

bei unserer Ankunft – *à nossa chegada*
bei jedem Schritt – *a cada passo*
bei Sonnenaufgang – *ao nascer do sol*
Nehmen Sie den Jungen bei der Hand!
– *Leve o rapaz pela mão!*

8. bekommen

ter – kriegen (allg); (Angst, Lust, Junge) bekommen
receber – (Post, Einladung usw.) erhalten
obter – erlangen, (Verbindung beim Telefonieren) bekommen
apanhar – (Zug, Krankheit, Schreck) bekommen
encontrar – auftreiben
fazer bem a alg – jdm gut bekommen

Hast du den Brief bekommen?

Wir bekommen Besuch.

Sie hat im November ein Kind bekommen.

Die Katze hat gestern Junge bekommen/gekriegt.

Wir haben keine Verbindung bekommen.

Haben Sie in Porto noch den Zug bekommen?

Er hat die Genehmigung nicht bekommen.

Ich habe einen Schreck(en) bekommen.

Sie hat Angst bekommen.

Er hat die Stelle bekommen.

Wo bekommt man das?

Ich habe eine Erkältung bekommen.

Dieser Tee wird Ihnen gut bekommen.

Beachte:

Wohl bekomm's! – *Bom proveito!*

9. bestellen

pedir – in der Gaststätte
encomendar – (Ware) ordern
reservar – (Tisch, Zimmer usw.) reservieren
mandar vir – (jdn) kommen lassen
cultivar – (Feld) bearbeiten
assinar, fazer assinatura de – (Zeitung) abonnieren
dar – (Grüße) ausrichten

Haben Sie einen Tisch
bestellt?

Haben Sie schon bestellt?
(Frage des Obers)

Wie viele Geräte hat Ihre
Firma bestellt?

Bestellen Sie allen Freunden
und Bekannten Grüße von
mir.

Wir werden ab März eine
Tageszeitung bestellen.

Bestellen Sie den Monteur!

Im März hat er das Feld
bestellt.

Beachte:

Sind Sie bestellt? – *Tem hora marcada?*

10. besuchen

(ir, vir) visitar – besuchen (formell u. informell); besichtigen
ir ver – besuchen (informell)
fazer uma visita a – (jdm) einen Besuch abstatten
frequentar – gewohnheitsmäßig od. regelmäßig besuchen
assistir a – teilnehmen an (Versammlung)

Wenn Sie nach Berlin
kommen, besuchen Sie
uns einmal.

Die Kinder besuchen die
Schule.

Besuchen Sie mich mal in
den nächsten Tagen?

Heute werden wir ein Wein-
gut besuchen.

Haben Sie die Versammlung
besucht?

Hast du ihn in der letzten
Woche besucht?

Gestern habe ich den
Geschäftsführer besucht.

11. Bild

a imagem – Bild (allgemein, auch Fernsehen)
a pintura – Gemälde
o quadro – Gemälde; Erscheinungsbild
o retrato – Porträt, Abbild
a figura – Abbildung
a ideia – Vorstellung

Heute ist das (Fernseh-)Bild sehr klar.

Dieses Bild ist sehr wertvoll.

Ich habe dir ein Ölbild gemalt.

Ich glaube, Sie haben ein falsches Bild von dieser Sache.

Das Krankheitsbild hat sich verschlechtert.

Im Arbeitszimmer hängt ein Bild meines Vaters.

Die Funktion des Gerätes ist in Bild 3 dargestellt.

Beachte:

im Bilde sein – *estar ao corrente*
jdn ins Bild setzen – *pôr alguém ao corrente*

Sie ist noch nicht ganz im Bilde.

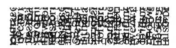

12. bis

a – bis, nach
até (a) – bis (bezeichnet eine Grenze hinsichtlich Zeit, Raum oder Handlung), bis nach/zu
até que (Konjunktion) – bis (daß)
de ... a – von ... bis
menos, excepto – bis auf, außer

Bis bald/später/gleich!

Wir müssen noch drei bis vier Kilometer laufen.

Bis wohin fahren Sie?

Tschüs, bis morgen!

Die Geschäfte sind montags bis freitags von 9 bis 18 Uhr geöffnet.

Du hast bis zum letzten Moment gewartet.

Wir warten, bis er kommt.

Wir haben gewartet, bis er kam.

Es sind alle Kollegen gekommen, bis auf Paulo.

Wieviel Kilometer sind es noch bis München?

Hoffentlich holen wir die Verspätung bis München wieder auf.

Bis wann verkehrt die Straßenbahn?

Beachte:

Wie weit ist es noch bis zur nächsten Tankstelle?
– *A que distância fica o próximo posto de gasolina?*
Ist es weit bis zum Supermarkt? – *O supermercado fica longe?*
von A bis Z – *de cabo a rabo*
von Anfang bis Ende – *de princípio a fim*
von Kopf bis Fuß – *dos pés a cabeça*
bis ans Ende der Welt – *até ao fim do mundo*
bis zur Neige trinken – *beber até à última gota*

13. bleiben

ficar – bleiben (allg.)
continuar com – weiterhin bei einer Sache bleiben
restar – übrigbleiben
permanecer – andauern, verweilen
insistir em – beharren auf

Er blieb den ganzen Tag zu Hause.

Wo ist das Geld geblieben?

Ich bleibe bei meiner Meinung.

Er bleibt bei seinem Standpunkt.

Das bleibt unter uns!

Er kam für eine Woche und blieb drei Monate.

Mir bleibt nur die Erinnerung.

Das ist alles, was ihm/ihr geblieben ist.

Beachte:

Wo bleiben Sie denn solange? – *Então, nunca mais vem?*
Es bleibt alles beim alten. – *Fica tudo como está.*
Es bleibt dabei! – *Fica combinado!*
Bleiben Sie bei der Sache!
– *Não mude de assunto!/Não se afaste do assunto!*
Er blieb auf der Strecke. – *Ele ficou pelo caminho.*

14. Boden

o chão – Boden (allg), Fußboden
o soalho – (Holz-)Fußboden, Diele
o solo – Boden (Material)
a terra – Erdboden
o terreno – Gelände, Erdreich, Boden (auch fig)
o sótão – Dachboden
o fundo – Boden eines Gefäßes

Das Glas ist auf den Boden gefallen.

Das ist fruchtbarer Boden.

Das ist organischer Boden.

Das hier ist Zementboden und das da Asphaltboden.

Bei den letzten Wahlen hat die Partei an Boden verloren.

Mit diesem Sieg hat er Boden wettgemacht.

Der Boden ist aus Brasilholz.

Ich habe den alten Stuhl auf den Boden gebracht.

Auf dem Boden der Vase fand sie eine Münze.

Er hat sich auf den Boden gelegt.

Beachte:

den Boden unter den Füßen verlieren
– *sentir fugir o chão debaixo dos pés*
Das schlägt dem Faß den Boden aus! – *Isso é demais!*
Wir sind auf portugiesischem Boden.
– *Estamos em território português.*

15. brauchen

precisar de – nötig haben
levar – (Zeit) benötigen
é só + Infinitiv ⎱
basta + Infinitiv ⎰ man braucht nur zu ... (unpersönlich)
basta que + Konjunktiv – in persönlichen Konstruktionen

Ich brauche einen neuen
Anzug.

Wie lange braucht man bis
zum Bahnhof?

Man braucht nur den Knopf
zu drücken.

Herr Ober, wir brauchen
noch einen Stuhl.

Sie brauchen Größe 42.

Man braucht nur zu ziehen.

Brauchen Sie noch etwas?

Der Zug braucht 2 Stunden.

Bei diesem Regen braucht
ihr nicht aus dem Haus zu
gehen.

Er braucht nur die Wahrheit
zu sagen.

Beachte:

Das braucht niemand zu wissen. – *Isso não interessa a ninguém*
Da braucht man sich nicht zu wundern. – *Isso não admira.*
Das kann ich gut brauchen. – *Isto serve-me bem.*
Du brauchst es nur zu sagen.
– *Não tens mais que pedir. / É só dizer.*
Für den Rock braucht man zwei Meter Stoff.
– *A saia leva dois metros de fazenda.*

22

16. bringen

trazer – herbringen, mitbringen
levar – mitnehmen, wegbringen, hinbringen

Kann ich Ihnen etwas zu trinken bringen?

Könnten Sie mir etwas aus der Stadt mitbringen?

Bringen Sie bitte die Kinder von hier weg.

Bringen Sie mir bitte einen Schoppen Rotwein.

Man brachte ihm Wasser und Brot.

Sie brachte ihn dazu, den Brief zu schreiben.

Die Untersuchungen des Kommissars brachten alles ans Licht.

Könnten Sie mich nach Hause bringen?

Mein Verlobter hat mir Blumen mitgebracht.

Beachte:

jdn um etwas bringen – *fazer alg perder a/c*
jdn zum Lachen bringen – *fazer alg rir*
es zu etwas bringen – *fazer carreira, chegar a ser alguém*
in Erfahrung bringen – *chegar a saber*
jdn auf einen Gedanken bringen – *sugerir uma ideia a alg*
zur Sprache bringen – *levar à discussão*

17. dauern

durar – andauern
demorar – lange dauern
levar (tempo) – (Zeit) erfordern

Die Sitzung dauerte drei
Stunden.
Dauert das noch lange?
Es dauert lange.

Das dauert Jahre.
Es dauerte anderthalb Stunden, bis sie fertig war.
Dieser Krieg dauert nun
schon zwei Jahre.

Beachte:
Er dauert mich. – *Tenho pena dele./Ele faz-me pena.*
Es dauerte nicht lange, bis er kam. – *Ele não tardou a chegar.*

18. dick

grosso – dick (allg)
espesso – dick; dickflüssig
gordo, forte, corpulento – beleibt
inchado – geschwollen
engordar – dick werden, dick machen
qual é a espessura/grossura de ... ⎫
que espessura/grossura tem ... ⎭ wie dick ist ...

Wie dick ist das Brett?

Das Haus hat dicke Mauern.
Sie sind zu dick.
Für den Wintermantel brau-
chen Sie einen dicken Stoff.

Die Soße ist viel zu dick.
Der Daumen ist ganz schön
dick.
Teigwaren und Süßigkeiten
machen dick.
Ich bin ganz schön dick
geworden.
Die Tischplatte ist 5 cm
dick.

Beachte:

dicke Freunde – *amigos íntimos*
dicke Luft – *situação crítica, ambiente tenso*
dicke Milch – *leite coalhado*
ein dickes Fell haben – *ser insensível/indiferente*
durch dick und dünn – *por paus e pedras, por montes e vales*
Das dicke Ende kommt noch.
– *O pior ainda está para vir. / Ainda falta o pior.*

19. doch

(mas) sim! – doch! (bekräftigend)
mas – doch, aber
porém – aber, jedoch
pois – doch (positive Antwort auf eine negative Frage)
> Bei dieser das Gegenteil bekräftigenden Antwort wird das Verb der Frage wiederaufgenommen. Die doppelte Wiederholung des Verbs der Frage in der Antwort kann ebenfalls „doch" bedeuten.

Du hast keinen Hunger, oder? – Doch.

Gehe nicht hin! – Doch, ich gehe.

Albert kennt Berlin nicht, nicht wahr? – Doch.

Willst du nicht mit mir kommen? – Doch, doch.

Sie wollte uns helfen, doch sie konnte nicht.

Ich habe den Autoschlüssel nicht mit. – Doch, er ist in Ihrer linken Tasche.

Meine Schwester wollte anrufen, doch sie hat nicht angerufen.

In den folgenden Fällen ist das deutsche „doch" ein Füllwort und bleibt meist unübersetzt.

Wiederholen Sie doch bitte noch einmal den letzten Satz.

Sie wissen doch, daß er krank ist.

Hättest du das doch gleich gesagt!

Bleiben Sie doch bitte noch (eine Weile).

20. erinnern

lembrar/recordar a/c a alg } jdn an etw erinnern
lembrar/recordar alg de a/c
fazer lembrar alg – jdn an jdn erinnern
lembrar-se de – sich erinnern an

Ich habe ihn an sein Versprechen erinnert.

Ich kann mich an nichts mehr erinnern.

Er erinnert mich an seinen Vater.

Ich erinnere mich noch sehr gut an den Zwischenfall.

Beachte:

wenn ich mich recht erinnere/entsinne – *se bem me lembro*
ich erinnere mich, daß – *lembro-me de que*

21. erklären

explicar – erläutern, klarmachen
declarar – öffentlich verkünden, aussagen, (Krieg) erklären
proclamar – (Unabhängigkeit) erklären

Können Sie mir den Sinn dieses Sprichwortes erklären?
Das erklärt, warum er nicht gekommen ist.
Das Gericht hat ihn für schuldig erklärt.
Sie erklärte uns, daß sie einverstanden sei.
Der Ingenieur erklärte die Funktion des Systems.
1870 hat Frankreich Deutschland den Krieg erklärt.
Am 11. November 1975 erklärte Angola seine Unabhängigkeit.

22. erscheinen

parecer – den Anschein haben, wirken
aparecer – auftauchen
comparecer – (offiziell, vor Gericht, auf Einladung) erscheinen
publicar(-se), sair – herauskommen (Buch)

Der Vorfall erschien mir merkwürdig.
Die 1. Ausgabe ist 1891 erschienen.
Dieser Posten erscheint nicht auf der Rechnung.
Er erschien vor Gericht.

Sie erscheint zu allen
Sitzungen.

Diese Zeitschrift erscheint
monatlich.

Er erscheint jünger als er ist.

23. fahren

ir (de) – fahren (mit)
guiar, conduzir – (Fahrzeug) lenken
circular – verkehren; eine Rundfahrt machen

Wohin fahren Sie? – Ich
fahre nach Dänemark.

Fahren Sie mit dem Zug
oder fliegen Sie?

Er fuhr in fünf Monaten
durch ganz Europa.

Kann Ihre Frau (Auto)
fahren?

Sie fährt schon 20 Jahre
unfallfrei.

Die Straßenbahn fährt von 5
Uhr bis 23.30 Uhr.

Auf dieser Straße fährt es
sich gut.

Was für einen Wagen fährt
er?

Beachte:

per Anhalter fahren – *ir às boleias*
jdm über den Mund fahren – *cortar a palavra a alg*
spazieren fahren – *dar um passeio de automóvel*
Was ist bloß in dich gefahren? – *Que deu de repente em ti/
você?/Que diabo te deu agora?*

24. falsch

falso – falsch, unwahr; unecht; heuchlerisch
errado, incorrecto – nicht richtig
falsificado – gefälscht

Er hat sich unter falschem
Namen eingetragen.
Sie haben eine falsche
Nummer gewählt.
Diese Banknote ist falsch.
Der Redner hat falsch zitiert.

Gott schütze mich vor
falschen Freunden!

Beachte:

Die Uhr geht falsch. – *O relógio anda mal/não está certo.*
Sie gehen falsch (in die falsche Richtung).
– *O senhor/A senhora enganou-se no caminho.*
Sie haben mich falsch verstanden.
– *O senhor/A senhora entendeu me mal.*

25. Farbe

a cor – die Farbe (optische Eigenschaft), auch Gesichtsfarbe
a tinta – Material zum Anstreichen

Die Farbe der Ohrringe paßt
gut zur Bluse.
2 Kilo Farbe reichen nicht.

Welche Farbe hat Ihr neues
Auto?
Die Bank ist frisch gestrichen, und die Farbe scheint
noch nicht trocken zu sein.

26. fehlen

faltar, fazer falta – mangeln
estar ausente – abwesend sein

Fehlt dir etwas?

Ihm fehlen 50 Mark.
Wer hat in der letzten Unterrichtsstunde gefehlt?
Herr Weber hat die Firma
verlassen. Er fehlt uns sehr.

Beachte:

Das hat gerade noch gefehlt!
– *Só faltava mais essa!/É o cúmulo!/Não faltava mais nada!*
Es soll ihr bei uns an nichts fehlen. – *Faremos tudo para que
não lhe falte nada./Faremos tudo para que ela se sinta bem em
nossa casa.*
Du hast mir sehr gefehlt.
– *Senti muito a tua falta./Tive muitas saudades tuas.*
Weit gefehlt! – *Está muito enganado!*

27. Fehler

o erro, a falta – Fehler, den man macht
o defeito – Fehler, den man/etwas hat; technischer Defekt

Der Brief enthält viele ortho-
graphische Fehler.

Das war ein schwerer
Fehler.

Sie hat diesen Fehler von
Geburt an.

Gott möge ihm seine Fehler
verzeihen.

Hoffentlich findet der Monteur bald den Fehler.

Beachte:

einen Fehler begehen/machen – *cometer uma falta, dar um erro*

28. Frage

a pergunta – Frage (ist zu beantworten)
a questão – Problem, Streitfrage (wird erörtert)
o problema – Problem (ist zu lösen)
o assunto – Thema

Gestatten Sie mir eine Frage?

Wir werden die Frage bei der nächsten Sitzung anschneiden.

Der Journalist stellte viele Fragen.

So eine Frage!

Es ist nur eine Frage der Zeit.

Die Prüfung bestand aus 5 Fragen.

Wir werden diese Frage nicht lösen können.

Später werden wir auf diese Frage zurückkommen.

Das ist keine Frage der Intelligenz, sondern des gesunden Menschenverstandes.

Warum antwortet er nicht auf unsere Fragen?

Beachte:

Wir helfen ihr, keine Frage. – *Vamos ajudá-la, não há dúvida nenhuma/sem dúvida/com certeza.*

Das kommt nicht in Frage. – 1. *Isso é impossível.*
                                          2. *Isso não interessa.*

Der Direktor stellte den Plan in Frage.
– *O director levantou objecções ao plano.*

29. frisch

fresco – kühl; unverdorben, neu (Lebensmittel, Farbe)
limpo, lavado – rein (Wäsche)

Ist das Brot frisch?
Zieh dir ein frisches Hemd
an!
Die Bank ist frisch
gestrichen.
Wir brauchen frische Luft.

Beachte:

Ich habe ihn auf frischer Tat ertappt. – *Apanhei-o em flagrante.*
Ich muß das Bett frisch beziehen.
– *Tenho que pôr lençóis lavados na cama.*
Sie ist noch sehr frisch für ihr Alter.
– *Ela ainda é muito activa/cheia de vida para a sua idade.*

30. Gefühl

o sentimento – Gefühl (allg), Empfindung
a impressão – Eindruck
a sensação – Sinnesempfindung, Sinneseindruck, Ahnung
a sensibilidade – Empfindsamkeit; Empfindlichkeit

Sie singt mit viel Gefühl.

Ich werde das Gefühl nicht
los, daß noch jemand hier
im Hause ist.
Ich habe das Gefühl, daß
ihm diese Arbeit nicht
gefällt.
Damit verletzt du ihr(e)
Gefühl(e).
Er zeigte seine Gefühle für
sie nicht.

Beachte:

ein Gefühl für etw haben
– *ter receptividade para a/c, ter compreensão para a/c*
Er hat kein Gefühl. – *Ele não tem sentimentos./Ele não tem
coração./É um indivíduo insensível.*
Das ist das höchste der Gefühle.
– *Isso é o cúmulo do sentimento.*

31. gegen

contra – (feindlich ausgerichtet) gegen
para com – gegenüber (fig)
por – etwa um (zeitlich)
para, em direcção a – in Richtung

Die Kolonne marschierte
gegen Norden.

Alle sind gegen mich.

Er kam gegen 2 Uhr
morgens nach Hause.

Er wurde gegen seinen
Willen weggebracht.

Das Mittel ist gut gegen
Grippe.

Das ist gegen alle Regeln.

Zwei Abgeordnete stimmten
dagegen.

Zwei gegen einen, das ist
unfair.

Er ist streng gegen seinen
Sohn.

Du kannst nicht gegen den
Strom schwimmen.

Beachte:

Sie hat etwas gegen ihn.
– *Ela sente antipatia por ele./Ela não simpatiza com ele.*

32. gehen

ir – gehen (jede Art der Fortbewegung)
ir/andar a pé – zu Fuß gehen
andar/caminhar – laufen, wandern
andar – fig: besuchen

Gehen wir zu Fuß oder fahren wir mit der Straßenbahn?

Um 7 Uhr gehen wir ins Theater.

Sie ist zum Arzt gegangen.

Gehen Sie immer geradeaus.

Der Arzt hat mir empfohlen, täglich 2 km zu gehen/laufen.

Mein Sohn ist erst ein Jahr alt, er kann noch nicht gehen.

Gehst du aufs Gymnasium?

In welche Klasse gehst du?

Wir gehen heute sehr früh zu Bett.

Jetzt gehe ich nach Hause.

Beachte:

Die Zahl der Opfer geht in die Tausende.

Dieses Fenster geht auf die Straße.

In diesen Raum gehen keine 50 Personen/Leute.

Es geht um Ihre Bezahlung.

Das würde gehen.
Es geht nicht nach mir.
Der Fahrstuhl geht nicht.
Er ist gegangen.
Wie geht es Ihnen?
Dieser Artikel geht glänzend.

33. gerade

estar + *a* + Infinitiv – gerade etw tun
acabar + *de* + Infinitiv – gerade etw getan haben
direito – aufrecht, auch fig
recto, directo – gerade (Linie); aufrichtig
precisamente, exactamente – genau

Sie schreibt gerade einen
Brief an ihre Mutter.
Ich habe gerade den Tisch
gedeckt.
Setz dich gerade hin!
Sie hat gerade ein Tele-
gramm erhalten.
Gerade in dem Moment, als
er eintrat, fiel der Strom aus.

Das ist gerade das Gegen-
teil.
Er ist ein Mann von gera-
dem Wesen.
Diese Straße bildet eine gerade Linie zwischen dem
Parlament und dem Schloß.

Beachte:

Muß es denn gerade diese Bluse sein?
– *Tem de ser mesmo/justamente esta blusa?*
Das kommt mir gerade recht! – *Não me faltava mais nada!*
Gerade deshalb will sie nicht kommen.
– *Por isso mesmo é que ela não quer vir.*
Ich war gerade dort, als es passierte.
– *Por acaso estive lá quando aconteceu isso.*

34. gern

gostar de – gern haben, mögen, etw gern tun
com muito gosto/prazer – mit Vergnügen
bem (Adverb) – gern

Liest du gern?

Ich hab dich gern.

Meine Schwester sieht gern fern.

Geschirr spüle ich überhaupt nicht gern.

Die Prüfung war sehr schwer. – Das glaube ich gern.

Ißt du gern Fisch?

Sie trinkt unheimlich gern Portwein.

Er ist ein gerngesehener Gast.

Ich nehme die Einladung gern an.

Ich hätte gern Herrn Schneider gesprochen.

Ich möchte gern wissen, ob
ihre Schwester auch kommt.

Wollen Sie mit uns mitkom-
men? – Sehr gern.

Beachte:

Gern geschehen! – *Não tem de quê!*
Er kann mich gern haben! – *Não quero saber dele para nada!/*
Ele não me interessa nada.

35. Gesellschaft

a sociedade – (menschliche) Gesellschaft; Handelsgesellschaft
a companhia – Begleitung

Leisten Sie mir Gesell-
schaft?

Diese Firma ist eine Gesellschaft mit beschränkter
Haftung.

Ich sah sie neulich in Gesellschaft von zwei Freunden.

Sie sind in schlechter Gesellschaft.

Die heutige Gesellschaft ist
auf die moderne Technik an-
gewiesen.

36. Glas

o vidro – durchsichtiger Werkstoff; Glasscheibe
o copo – Trinkglas
o cálice – Weinglas, Stielglas

Bringen Sie mir bitte ein Glas Mineralwasser.
Die Tischplatte ist aus Glas.

Möchten Sie noch Wein? Ja? Geben Sie mir bitte Ihr Glas.
In der Torte ist ein Glas Kognak.
Sie tranken beide aus einem Glase.

Beachte:

Vorsicht Glas! (Aufschrift auf Verpackungen) – *Frágil!*

37. Grenze

o limite – Grenze, auch fig
a fronteira – Grenze (zwischen zwei Staaten)

Wir sind ja schon an der Grenze.
Das überschreitet alle Grenzen.
Sein Eifer kennt keine Grenzen.
Er steckte die Grenzen seines Besitzes ab.
Der Fluß bildet die natürliche Grenze zwischen beiden Ländern.
Alles hat seine Grenzen.

38. Größe

o tamanho – Größe (allg); Konfektionsgröße; Umfang
a altura – Körpergröße; Höhe
a estatura – Statur, Gestalt, Wuchs
a grandeza – Bedeutung; geistige Größe; Erhabenheit;
astronom. Größe
a extensão – Ausdehnung
a dimensão – Umfang (fig)

Welche Größe tragen Sie?

Für diese Arbeit hat er die richtige Größe.

Welche Größe hat das Paket?

Nie hatte er einen Fisch dieser Größe gesehen.

Die Größe des tropischen Regenwaldes ist gewaltig.

Sie haben die gleiche Größe.

Dieser Schuh drückt. Das ist nicht meine Größe.

Das ist ein Stern erster Größe.

Die Größe der Aufgabe zwingt zur Anwendung außergewöhnlicher Maßnahmen.

Seine Rede offenbarte eine Größe, die alle beeindruckte.

39. halb

meio – halb (ohne unbestimmten Artikel)
metado (de) – die Hälfte (von)

Ich möchte zweieinhalb Kilo Kartoffeln.

Der Bus fährt alle halbe(n) Stunde(n).

Ich habe das zum halben Preis bekommen.

Kannst du mir ein halbes Dutzend Eier mitbringen?

Diesmal sind nur halb so viele Bewerber gekommen.

Der Patient sprach mit halber Stimme.

Er fährt mit halber Geschwindigkeit.

Auf halber Höhe blieb sie stehen.

Die neue Wohnung ist halb so groß wie die alte.

Es ist halb eins.

Beachte:

ein halbes Jahr – *seis meses*
Das ist nichts Halbes und nichts Ganzes.
– *Isso não é nem uma coisa nem outra./É mal feito.*
Ärgere dich nicht! Es ist nur halb so schlimm.
– *Não te apoquentes! Não é tão grave como parece./Não é tão mal como se esperava.*
sich halb totlachen
– *rir às gargalhadas, não se poder conter de riso.*

40. hören

ouvir – hören
escutar – zuhören, hinhören
obedecer a alg – auf jdn hören, jdm gehorchen
ouvir falar/dizer – zufällig hören, erfahren

Stör mich nicht! Ich will
Radio hören.
Hast du nicht gehört, daß
das Telefon geklingelt hat?
Hör auf deinen Vater!
Ich habe gehört, daß er ent-
lassen worden ist.
Wollen Sie einen anderen
Sender hören?

Beachte:

Er hat nichts mehr von sich hören lassen.
– *Ele não deu sinal de vida.*
Hören Sie auf den Rat des Arztes!
– *Siga/Aceite o conselho do médico.*
auf den Namen X hören – *dar pelo nome de X*
Vorlesungen hören – *frequentar cursos, assistir a lições*

41. Karte

o mapa – Landkarte
o bilhete – Eintrittskarte
o postal – Postkarte
a lista, a ementa – Speisekarte
jogar às cartas – Karten spielen

Zeigen Sie mir bitte den Weg auf der Karte.

Ich habe meiner Mutter eine Karte geschrieben.

Ob wir noch Karten für die Abendvorstellung bekommen?

Wollen wir Karten spielen?

Herr Ober, bringen Sie mir bitte die Karte.

Beachte:

mit offenen Karten spielen – *jogar com as cartas na mesa*
jdm in die Karten sehen – *descobrir os segredos de alg*

42. kochen

cozinhar – Essen zubereiten
cozer – (in Wasser, auf dem Feuer oder Herd) garen
ferver – sieden (Milch, Wasser)
fazer – (Kaffee, Tee) zubereiten

Kochen Sie gern?

Das Wasser kocht.

Ist das Wasser abgekocht?

Er kann sehr gut kochen.

Möchten Sie das Ei hart-
oder weichgekocht?

Lassen Sie die Kartoffeln
noch 10 Minuten kochen.

Mir kocht das Blut, vor Wut.

Reichen Sie zum gekochten
Fisch auch Salzkartoffeln?

Der Gasdruck war so
schwach, daß die Milch
nicht kochte.

Meine Freundin kocht einen
guten Kaffee.

Die Windeln müssen
gekocht werden.

43. kommen

vir – (zum Sprechenden hin) kommen
ir – (vom Sprechenden weg) kommen
chegar – ankommen, gelangen
acontecer – geschehen

Maria, komm bitte her! – Ich komme gleich.

Ich komme morgen zu dir.

Kommen Sie zur Sache!

Es mußte ja so kommen!

Ich bin nicht zu Wort gekommen.

Ist die Post schon gekommen?

Er kommt spät, aber er kommt.

Sind Sie schon zu einem Ergebnis gekommen?

Der Zug kommt fahrplanmäßig an.

Wie kam denn das?

Ich will zur Bibliothek. Kommen Sie mit?

Beachte:

Wie kommt es, daß ... – *Como se explica que ...*
Wie kommen Sie darauf? – *Donde lhe vem a ideia?*
Das kommt nicht in Frage.
– *Isso é impossível./Isso não interessa de modo algum.*
auf etwas kommen – *chegar a descobrir a/c*
ums Leben kommen – *perder a vida*
auf den Geschmack kommen – *tomar gosto por, criar gosto por*

44. können

poder – vermögen, in der Lage sein, die Möglichkeit haben
saber – geistig oder körperlich können, gelernt haben

Morgen kann ich nicht kommen.

Er kann nicht lesen.

Hier kann ich nicht(s) lesen, weil es sehr dunkel ist.

Könnten Sie mir eine Auskunft geben?

Können Sie mir das Buch leihen?

Es kann sein, daß dieser Flug bereits ausgebucht ist.

Kannst du schwimmen? – Ja. Aber zur Zeit kann ich nicht, weil mein Arm in Gips ist.

Können Sie Englisch?

Wie lange kann ich hier parken?

Können Sie mir ein Taxi rufen?

Beachte:

Ich kann nichts dafür. – *A culpa não é minha.*

45. kurz

curto – räumlich
breve – zeitlich
há pouco – vor kurzem

Die Ärmel sind zu kurz.

Er hielt eine kurze Rede.

Wie möchten Sie die Haare geschnitten haben? – Hinten und an den Seiten kurz.

Fassen Sie sich kurz.

Er ist ein Mann mit langen Haaren und kurzem Verstand.

Wir werden das in Kürze erledigen.

Vor kurzem habe ich einen Brief von meiner Tante erhalten.

Beachte:

kurz und bündig – *sem rodeios, sucinto*
kurz und gut – *numa palavra, enfim*
über kurz oder lang – *mais dia menos dia*
kurz vorher – *pouco antes*
kurzen Prozeß machen
– *resolver sumariamente; não fazer cerimónias*
den kürzeren ziehen – *levar a parte pior*

46. lang

comprido – ausgedehnt (räumlich)
ter ... de comprimento – ... lang sein
longo – langwährend
muito tempo – lange (zeitlich)
alto – großgewachsen (Mensch)

Der Rock ist zu lang.
Das war eine lange Rede.
Wie lang ist der Flur?

Das dauert lange.
Die Brücke ist 3 km lang.

Sie verband eine lange
Freundschaft.
Es ist lange her, daß ich sie
gesehen habe.
Das war lange vorher.
Sie ist lang und dünn.
Wie lange will er bleiben?

Beachte:

den lieben langen Tag – *todo o santo dia*
auf die lange Bank schieben
– *procrastinar, deixar para as calendas gregas*
ein langes Gesicht machen – *ficar decepcionado*
Noch lange nicht! – *Ainda falta muito!*

47. lassen

deixar – zulassen, zurücklassen, belassen, verlassen
mandar + Infinitiv – veranlassen, anordnen, befehlen
fazer + Infinitiv – jdn dazu bringen, etwas zu tun

Lassen Sie mich bitte vorbei.

Laß mich nicht warten!

Laß nur!

Sie ließ mitteilen, daß sie nicht kommt.

Warum läßt du mich nicht schlafen?

Lassen Sie mich in Ruhe!

Laß den Kopf nicht hängen!

Sie ließ den Arzt rufen.

Sie hat mich zwei Stunden warten lassen.

Laß mich nur diesen Brief zu Ende schreiben.

Sie hat sich für das Fest ein neues Kleid machen lassen.

Er läßt sich leicht täuschen.

Beachte:

Lassen Sie sich nicht stören! – *Não se incomode!*
Das lasse ich mir gefallen! – *Muito bem! Apoiado!*
Lassen Sie sich Zeit. – *Não se apresse.*
Das ließ er sich nicht zweimal sagen. – *Nem o quis ouvir duas vezes./Nem precisou ouvir duas vezes.*
nicht aus den Augen lassen – *não perder de vista*
etw außer acht lassen – *não fazer caso de a/c*
jdm Zeit lassen – *dar tempo a alg*
die Hände von etw lassen – *não mexer em a/c*

48. laut

alto – hörbar
falar alto – laut sprechen
ruidoso, barulhento – lärmend
segundo, conforme – gemäß

Sprechen Sie bitte lauter!
Sie spricht mit lauter Stimme.
Er handelte laut Anweisung.

Ich rief so laut ich konnte.

Das Hotel liegt an einer Hauptstraße. Da ist es sehr laut.

49. leicht (vgl. „schwer")

leve – leicht (allg), gering an Gewicht
ligeiro – leicht (meist fig); geringfügig
fácil – mühelos

Ihr Koffer ist leicht.

Diese Frage ist leicht zu beantworten.

Sie hat eine leichte Erkältung.

Das ist leicht gesagt.

Mein Vater hat einen leichten Schlaf.

Ich habe keinen großen Hunger. Ich möchte etwas Leichtes.

Möchten Sie eine Platte mit leichter Musik hören oder anhören Sie lieber klassische Musik?

Es wird nicht leicht sein, ihn zu überzeugen.

In den Tropen trägt man leichte Kleidung.

Reis ist leicht verdaulich.

Er erklärte es so, daß es für alle leicht begreiflich war.

Beachte:

es kann leicht sein, daß ... – *pode bem ser que* + Konjunktiv
etwas auf die leichte Schulter nehmen – *não dar muita importância a a/c, importar-se pouco com a/c*

50. mögen (vgl. „gern")

gostar de – gern haben, gern tun
gostar mais de, preferir – lieber mögen, bevorzugen
desejar, querer – wünschen, gern (haben) wollen
dever – Vermutung
pode ser que + Konjunktiv – es mag sein, daß (Möglichkeit)

Mögen Sie Apfelsaft? – Ich mag lieber Orangensaft.

Ich möchte ein Glas Mineralwasser.

Ich möchte gern wissen, ob sein Bruder auch kommt.

Möchten Sie etwas trinken?

Es mag sein, daß sie recht hat.

Er mag so an die fünfzig sein.

Das mag schon stimmen/ sein, aber ich glaube es nicht.

Ich mag dich sehr.

Möchten Sie den Tee mit Zitrone (Frage des Obers)?

Beachte:

Ich möchte wetten, daß ... – *Aposto/Apostava que* ...
Wie es auch sein mag/Sei es wie es will ... – *Seja como for* ...
Was er auch sagen mag/Er mag sagen, was er will ...
– *Diga o que quiser* ...
Was auch geschehen mag/Es mag kommen, was will ...
– *Suceda o que suceder* ...
Möge sie noch lange leben! – *Que ela tenha uma vida longa!*

51. müssen

ter que/de – Notwendigkeit, äußerer Zwang
dever – a) Vermutung, Annahme
       b) Aufforderung; moralischer Zwang, Verpflichtung
é necessário/preciso + Infinitiv – man muß
haver de – a) Aufforderung, Befehl (in der 2. u. 3. Person
             Präsens)
       b) Wahrscheinlichkeit

Mir knurrt der Magen vor Hunger. Ich muß etwas essen.

Der muß verrückt sein.

Man muß Geduld haben.

Wir müssen einen Spezialisten kommen lassen.

Wir müssen ihm das Geld geben, denn wir haben es ihm versprochen.

Ihr müßt sehr müde sein.

Sie müssen die Unterlagen (solange) suchen, bis Sie sie finden.

Man muß ihn für die Mühen belohnen.

Sie muß jetzt (wohl) zu Hause sein.

Beachte:

Er müßte (eigentlich) schon da sein. – *Ele já cá devia estar.*

52. nach

depois de – nach (zeitlich)
após – nach (Reihenfolge)
para – nach (Richtung, Ort, längerer Aufenthalt)
a – nach (Ort, vorübergehender Aufenthalt)
segundo, conforme – gemäß, je nach

Sie sind nach Coimbra
gefahren.

Ich fahre für zwei Tage nach
Lissabon.
Wohin fährt dieser Bus? –
Nach Calvanas.
Nach dem Mittagessen
machen wir einen Spazier-
gang.
Er kommt (in der Rangfolge)
gleich nach dem Staats-
sekretär.
Ich werde gleich nach der
Ankunft in Lissabon das
Visum verlängern lassen.
Am Donnerstag fahren wir
nach Porto weiter.
Die Schlacht war im Jahre
20 nach Christus.
Nach dem Gesetz ist er
schuldig.
Diese Arznei muß dreimal
täglich nach den Mahlzeiten
eingenommen werden.
Sie kam nach 5 Uhr.

Beachte:

nach und nach – *pouco a pouco*
einer nach dem anderen – *um após outro, um depois do outro*
nach wie vor – *como de costume, como dantes*
dem Namen nach kennen – *conhecer de nome*
nach Gewicht verkaufen – *vender a peso*
Es ist zehn nach elf. – *São onze (horas) e dez (minutos).*
Das ist nicht nach meinem Geschmack.
– *Isso não é do meu gosto.*

53. nächste

próximo – nächste(r, s); nächstgelegen
que vem – kommend
seguinte – folgend (zeitlich)
primeiro – nächstbester, erstbester

Wieviel Kilometer sind es
bis zur nächsten Tankstelle?

Nächste Woche kommt
mein Onkel.

Nutzen Sie die nächste Gele-
genheit, um das Mißver-
ständnis auszuräumen.

Am nächsten Tag erschien
ein Vertreter der Firma.

Dieser Bus ist ziemlich voll.
Warten wir auf den näch-
sten.

Am nächsten Morgen war er
verschwunden.

Beachte:

in nächster Zeit – *em breve, brevemente*
in nächster Nähe – *nas imediações*
am nächsten – *mais perto*

54. Paar, ein paar

um par – zwei Dinge, die eine Einheit bilden bzw. zusammen-
gehören
o casal – Ehepaar
alguns, uns, poucos – einige

Zeigen Sie mir bitte das
Paar Schuhe.
Was für ein glückliches
Paar!
Sie sind ein harmonisches
Paar.
In ein paar Tagen sind wir
mit der Arbeit fertig.
Heute sind nur ein paar
Leute da.

Alle paar Tage ruft er von
New York aus an.

Beachte:

Ich hätte gern fünf Paar Wiener.
– *Eu quero/queria dez salsichas [tipo Viena].*

55. passen

assentar, servir, ficar bem – sitzen (Kleidung)
condizer/combinar com a/c – zu etw passen
convir – gelegen sein, genehm sein

Probieren Sie das Kleid an,
dann sehen Sie, ob es paßt.
Paßt es Ihnen?
Verabreden wir uns für nächste Woche. Paßt es Ihnen am nächsten Freitag?

Ich möchte ein Hemd, das zu einem grauen Anzug paßt.
Ich möchte ein blaues Hemd und dazu eine passende Krawatte.
Die Krawatte paßt nicht zum Hemd.
Der Tag paßt mir nicht.
Die schwarzen Schuhe drücken ein bißchen, aber die braunen passen mir.

Beachte:

Das paßt zu ihm! – *Isso é próprio dele.*
Das könnte dir so passen!
– *Era o que você queria!/Não queria mais nada!*
Es tut mir leid, der Mittwoch ist voll belegt. Würde es Ihnen Donnerstag nachmittag passen? – *Lamento muito, a quarta-feira está toda cheia. Pode ser na quinta-feira à tarde?*

56. Platz

a praça, o largo (klein), *o terreiro* (frei) – öffentlicher Platz
o lugar – Platz, Sitzplatz, Stehplatz
o espaço – Raum
o sítio – Ort

Ist dieser Platz frei?

Hier ist kein Platz.

Ich wohne in einem Altbau am Platz der Freiheit.

Um Platz zu sparen, haben wir einen Wandschrank einbauen lassen.

Machen Sie Platz!

Wollen Sie den Platz mit mir tauschen?

Wir treffen uns auf dem Dorfplatz.

Sind die Plätze numeriert?

Neben dem Waschbecken ist noch Platz für die Waschmaschine.

Das ist ein guter Platz, um Urlaub zu machen.

Auf diesem Platz findet das Fest statt.

Beachte:

Auf die Plätze, fertig, los!
– *Aos seus lugares, estar pronto, largar!*
Nehmen Sie bitte Platz! – *Sente-se, faz favor.*
fehl am Platze sein – *ser inoportuno, não ter cabimento*
bis auf den letzten Platz besetzt sein – *estar (cheio) a abarrotar*

57. Preis

o preço – Preis, den man bezahlt
o prémio – Preis, den man bekommt oder gewinnt

Ich haben den ersten Preis gewonnen.
Wir konnten uns über den Preis nicht einigen.
Um den Preis bewarben sich verschiedene Schriftsteller.
Zu diesem Preis können wir Ihnen die Ware nicht liefern.
Die Preise bewegen sich je nach Größe zwischen DM 11,40 und DM 19,80.

Beachte:

um keinen Preis
– *não ... de modo algum, não ... por preço nenhum*
um jeden Preis/koste es, was es wolle
– *por qualquer preço, custe a que custar*
für den halben Preis – *por metade do preço*
im Preis steigen/fallen – *subir/descer de preço*
einen Preis ausschreiben – *abrir concurso*

58. Probe (vgl. „Versuch")

a prova – Beweis, Probe (auch Math.), Kontrolle, Prüfung
a experiência, o experimento (seltener) – Versuch, Experiment,
Erprobung
o ensaio – Theaterprobe; Versuch, Test
a amostra – Warenprobe, Muster

Die Generalprobe des Stückes fand gestern statt.

Auf Wunsch können wir
Ihnen verschiedene
(Muster-)Proben zusenden.

Machen wir eine Probefahrt.

Die Probe wurde in Gegen-
wart von Zeugen entnom-
men.

Er wurde auf Probe ein-/
angestellt.

Sie hat die Probe bestan-
den.

Er gab uns eine Probe seines Könnens.

Beachte:

die Probe bestehen (techn.) – *resistir à prova*
auf die Probe stellen – *pôr à prova*
Stichprobe – *prova ao acaso*

ensaio nuclear – Kernwaffentest
à prova de água – wasserdicht

59. Raum (vgl. „Platz")

o espaço – Raum, Platz; Weltraum
o quarto, a sala – Zimmer
a região – Gebiet, Bereich, Gegend

Wir benutzen diesen Raum
als Gästezimmer.

Die Fracht wird nach dem
Raum berechnet.

Die Rakete wurde in den
(Welt-)Raum geschossen.

Im Raum von Rio kam es zu
sintflutartigen Regenfällen.

60. Reihe

a fila – Reihe (Kino, Theater, Schule usw.)
a fileira – Reihe Gleichgesinnter (Partei, Militär usw.)
a série – Reihe, Folge, Serie

Wir bieten eine Reihe neuer Typen an.

Er kämpfte in unseren Reihen.

Die Hörer in den hinteren Reihen verstanden fast nichts.

Die beiden Geräte sind in Reihe geschaltet.

Beachte:

Ich bin an der Reihe. – *É a minha vez.*
Die Reihe ist an Ihnen. – *Chegou a sua vez.*
Wer ist an der Reihe? – *Quem (se) segue?*

61. richtig (vgl. „falsch")

justo – nicht falsch; gerecht
certo, correcto, exacto – fehlerfrei
verdadeiro – echt, wahr, tatsächlich
bom, bem, apropriado – passend

Die Rechnung ist richtig.

Es kommt auf das richtige
Verhältnis an.

Kennen Sie seinen richtigen
Namen?

Er ist ein richtiger/wahrer
Freund.

Ihre Uhr geht richtig.

Der Chef war nicht richtig
informiert.

Sie erschien im richtigen
Augenblick.

Ich habe sie nicht richtig
verstanden.

Wir erklären hiermit, daß die
Angaben richtig sind.

Er hält die Maßnahme für
richtig.

Das ist die richtige Verpak-
kung für die Geräte.

62. schlagen

bater – schlagen (allg)
lançar, criar – (Brücke, Wurzeln) schlagen
derrotar, vencer – besiegen

Sie haben die Konkurrenz aus dem Felde geschlagen.

Mein Herz schlug heftig.

Die Uhr schlug neun.

Die 4. Division wurde vernichtend geschlagen.

Er schlägt die Kinder.

Er schlug mit dem Kopf auf einen Stein.

Die Musik schlägt eine Brücke zwischen den Menschen.

Maria, schlag bitte die Sahne, bevor die Gäste kommen.

Beachte:

sich etw aus dem Kopfe schlagen
– *procurar esquecer, tirar a/c da cabeça, abandonar um plano*
einen Rat in den Wind schlagen
– *não fazer caso de um conselho*

63. schlecht

mau (Adj), *mal* (Adv) – schlecht (allg)
ruim – von schlechter Qualität; schädlich
estragado – verdorben

Er sieht schlecht.
Die Ware ist von schlechter Qualität.
Das Fleisch riecht unangenehm. Ich glaube, es ist schlecht.
Das Auto ist wirklich schlecht. Ich habe es gebraucht gekauft.
Mir ist schlecht./Ich fühle mich schlecht.
Die Maschine ist in einem schlechten Zustand.
Deine Kinder sind schlecht erzogen.
Er hinterließ einen äußerst schlechten Eindruck.

Beachte:

jdn schlecht machen – *falar mal de alg; caluniar alg*
auf jdn schlecht zu sprechen sein – *estar arreliado com/de alg*
schlecht gelaunt – *mal disposto*
in schlechter Gesellschaft – *em má companhia*
schlechte Angewohnheit – *mau hábito*

64. schmecken

gostar (de) – munden
ser bom, ser gostoso – gut schmecken
ter sabor de (nur positiv) ⎫
ter gosto de (allgemein) ⎬ schmecken nach
saber a (allgemein) ⎭

Schmeckt es Ihnen?

Der Saft schmeckt nach Medizin.

Der Fisch schmeckt sehr gut.

Die Kartoffeln schmecken angebrannt.

Die Soße schmeckt vorzüglich.

Der Likör schmeckt nach Mandel.

Wie schmeckt Ihnen der Kaffee? – Ihr Kaffee ist sehr stark, doch so schmeckt er mir.

Das Hähnchen schmeckt nach Fisch.

65. schwer (vgl. „leicht")

pesado – schwer an Gewicht; erheblich; schwer verdaulich
difícil – schwierig
grave – schwerwiegend (Krankheit, Fehler), ernst

Das System ist schwer zu erklären.

Er leidet an einer schweren Krankheit.

Ist die Kiste sehr schwer?

Es ist schwer zu begreifen, warum er das getan hat.

Das ist ein Irrtum, der schwer wiedergutzumachen ist.

Das war ein schwerer Fehler.

Für zwei Männer ist der große Schrank zu schwer.

Eisbein ist sehr schwer für den Magen.

Beachte:

Wie schwer ist der Koffer? – *Quanto pesa a mala?/Que peso tem a mala?/Qual é o peso da mala?*
Das Brot ist vier Pfund schwer. – *O pão pesa dois quilos.*

66. schwimmen

nadar – aktiv schwimmen (lebende Personen und Tiere)
flutuar – getragen werden (Gegenstände und leblose Körper)

Kannst du schwimmen?
Er schwimmt im Geld.
Da der Körper hohl ist,
schwimmt er auf der Wasser-
oberfläche.
Mein Bruder kann gut auf
dem Rücken schwimmen.
Eisen schwimmt in Queck-
silber.

67. seit

desde – seit (Zeitpunkt)
há + Präsens
desde há + Präsens
(zur Verstärkung anstelle von *há*) ⎱ seit (Zeitraum, -dauer)
faz ... que

Ich bin seit 14 Tagen in
Deutschland.

Wir sind seit dem 4. in Brasi-
lien.
Seit wann wohnt er hier?

Ich kenne ihn seit zwei
Monaten.

Ich habe sie seit langem
nicht gesehen.
Seit 3 Tagen sind wir ohne
Strom.

68. Sitz

o assento – Sitzplatz
o lugar – Posten
a sede – Sitz (Unternehmen, Regierung)
o feitio – Sitz (Kleidungsstück)

Die Firma hat ihren Sitz in Rio.

Die Sitze sind nicht gepolstert.
Er hat einen Sitz im Aufsichtsrat.
Der Mantel ist zwar etwas lang, aber er hat einen guten Sitz.

69. so

assim, deste modo, desta maneira – auf diese Weise
tão – (vor Adj u. Adv) so
tanto – so sehr, so viel
tal – so etwas, solch ein
tal ... qual – so ... wie
que (in Ausrufen) – so ein ...!

Er sprach so schnell, daß wir fast nichts verstanden.

So ist es nicht.
So eine Frechheit!
Sie ist so groß wie ich.
Er hat es so gemacht wie ich.
Die Söhne sind so wie der Vater.

So funktioniert das nicht.

So eine Hitze!
Es fällt mir gar nicht ein, so etwas zu tun.

So ein Elend habe ich noch nie gesehen.
So ein Fehler ist selten.

So einfach ist das nicht.

Beachte:

um so besser – *tanto melhor*
so groß wie möglich – *o maior possível*
So? – *É verdade?/Ai sim?*
so gegen 8 Uhr – *pelas oito horas*
ein Herr Soundso – *um fulano de tal*
So etwas ist mir noch nicht vorgekommen.
– *Nunca tal me aconteceu.*

70. sollen

dever
Futur I des Verbs (selten) } direkte Aufforderung

que + Konjunktiv (Hauptsatz)
que + Konjunktiv oder
para + persönl. Infinitiv (Satzgefüge) } indirekte Aufforderung
quer/querem que + Konjunktiv

devia – moralische Pflicht
devia (sollte eigentlich) } Wille,
haver de } feste Annahme des Sprechers
haver de – Zweifel in der Frage
dizem que/diz-se que
Verb im Futur od. Konditional } Vermutung, Zweifel,
se, no caso de (Hypothese) } Annahme

Du sollst hier nicht rauchen!

Was soll ich machen?
Sie soll krank sein.

Er soll morgen kommen.

Du sollst nicht stehlen/töten!
Der Abteilungsleiter hat
gesagt, du sollst sofort
losfahren.
Er sollte (eigentlich) schon
da sein.
Sie soll hereinkommen!
Ich soll das Problem lösen.

Was soll ich machen? Soll
ich mir ein neues Kleid kau-
fen oder das Geld sparen?
Was soll der Chef von mir
denken?
Sollte sie sich in der Stadt
verirrt haben?
Wir sollten dem Fahrer
helfen.
Mein Sohn soll es einmal
besser haben als ich.
Sollte es dem Monteur nicht
gelingen, die Maschine in
Gang zu bringen, müßte
man andere Maßnahmen
ergreifen.
Falls ich verhindert sein
sollte, rufe ich an.

Beachte:

Hoch soll er leben!/Hoch! – *Viva!*
Was soll das heißen?
– *Que quer dizer isto/isso?/Que significa isto?*
Es hat nicht sein sollen. – *Deus não o quis.*

71. Spiel

o jogo – Spiel (allg)
a partida – Partie
a execução – Ausführung (Musik)
a folga – Spielraum (auch techn.)

In welchem Stadion findet das Spiel statt?

Dieser Sportler hat bei den Olympischen Spielen die Goldmedaille errungen.

Wollen Sie sich das Fußballspiel ansehen?

Sie spielt ein sehr gefährliches Spiel.

Das Spiel des Pianisten begeisterte das Publikum.

Seine Karriere steht auf dem Spiel.

Die vorderen Räder haben zuviel Spiel.

Wie ist das Spiel ausgegangen?

Beachte:

beim Spiel der Geige – *ao toque/ao som do violino*
aufs Spiel setzen – *arriscar*
gute Miene zum bösen Spiel machen – *fazer das tripas coração*
die Hand im Spiel haben
– *estar implicado/metido no assunto, ter mão no jogo*

72. spielen

jogar – (ein Spiel) spielen
tocar – (ein Instrument) spielen
brincar – spielen (Kinder)
representar (de), desempenhar – (eine Rolle) spielen
passar-se – spielen (Handlung)

Spielen Sie mit mir eine
Partie Schach?

Das Stück spielt in Rom.
Können Sie Klavier spielen?

Meine Tochter spielt gerade
mit der Puppe.
Ich spiele in einer Handball-
mannschaft.
Er spielte den Nathan
meisterhaft.
Es ist nicht meine Absicht,
den Helden zu spielen.
Der Bruder spielte in ihrem
Leben eine wichtige Rolle.

Sie spielen um Geld.

Beachte:

Was wird im Nationaltheater gespielt?
– *Que peça vai haver no Teatro Nacional?*
Er läßt nicht mit sich spielen. – *Ele não é para brincadeiras.*
Das spielt keine Rolle. – *Não tem importância.*
jdm einen Streich spielen – *fazer/pregar uma partida a alg*
den Kranken/den Beleidigten spielen
– *fingir-se/fazer-se doente/ofendido*

73. Stück

a peça – Stück als Mengenangabe; Theaterstück
o bocado, o pedaço – Teil eines Ganzen, Teilstück
a composição – Musikstück
o trecho, o troço – Abschnitt

Gib mir ein Stück Brot!

Der Preis hängt von der Stückzahl ab.

Wir sind schon ein gutes Stück vorangekommen.

Ich möchte Rindfleisch zum Kochen, aber geben Sie mir ein mageres Stück.

Auf diesem Stück ist die Straße nicht asphaltiert.

Die Sendung muß nach-gewogen werden, Stück für Stück.

Er spielt ein Stück von Schumann.

Ich möchte ein Stück von Brecht sehen.

Beachte:

ein Stück Butter – *um pacote de manteiga*
ein Stück Zucker – *um torrão (de açúcar)*
ein Stück Seife – *um sabonete*
aus einem Stück – *de uma só peça; inteiro*
aus freien Stücken – *de livre vontade; espontaneamente*
große Stücke auf jdn halten
– *estimar alg muito, ter alg em muito apreço*
Das ist ein starkes Stück!
– *Isso é forte!/Isso é demais!/Não há direito!*

74. Uhr (vgl. „Zeit")

o relógio – Uhr
o contador (techn.) – Zählwerk
as horas – Uhrzeit
É uma hora. – Es ist ein Uhr.
São sete horas. – Es ist sieben Uhr.

Das Kino fängt um sieben Uhr an.

Die Uhr schlägt zehn.

Geht Ihre Uhr genau?

Die Uhr geht fünf Minuten vor.

Meine Uhr geht einige Sekunden nach.

Ich habe meine Uhr nach dem Radio gestellt.

Die Uhr ist stehengeblieben. Ich muß sie aufziehen.

Wir haben neue Wasseruhren installieren lassen.

Ich habe meine Armbanduhr verloren.

Um wieviel Uhr fahren wir los?

Sie schaut dauernd auf die Uhr.

Es ist 13.30 Uhr.

Beachte:

zwölf Uhr – *meio dia, meia noite*
Er kam kurz nach 1 Uhr. – *Ele chegou à uma e poucos/e tal.*

75. unter

debaixo de ⎱ unter (örtlich)
por baixo de ⎰
abaixo de – niedriger als (bei einer Skala)
sob – unter (übertragen)
entre – zwischen (einer Anzahl, einer Gruppe), inmitten
inferior – unterst, unten gelegen

Der Schlüssel liegt unter der Zeitung.

Es sind 15 Grad unter Null.

Das untere Stockwerk wird nicht genutzt.

Die Tasche steht unter dem Tisch.

Das ist unter aller Kritik/ Kanone.

Sie ist eine unter vielen.

Portugal war 60 Jahre lang, von 1580 bis 1640, unter spanischer Herrschaft.

Seine Intelligenz liegt unter dem Durchschnitt.

Unter diesem Aspekt habe ich die Angelegenheit noch nicht betrachtet.

Wir werden das unter uns ausmachen.

Beachte:

unter vier Augen – *a sós, só a dois*
unter der Leitung/Regierung von – *sob a direcção/o governo de*
unter diesen Umständen – *nestas condições*
unter der Bedingung, daß – *sob/com a condição (de) que*
unter der Hand – *particularmente*
Personen unter 18 Jahren – *pessoas a menos de 18 anos*
unter Tränen – *em lágrimas*

76. verdienen

ganhar – (Geld, Lebensunterhalt) verdienen,
      (Gewinn) erzielen
merecer – (Lob, Beachtung, Strafe) verdienen

Sie verdient 5000 DM im Monat.

Dieses Angebot verdient unsere ganze Aufmerksamkeit.

Er verdient sein Brot auf ehrliche Art und Weise.

Der Schüler hat das Lob verdient.

77. Verhältnis(se)

a relação (a) – Beziehung (zu)
a proporção – Proportion, (math.) Verhältnis
o namoro – Liebelei
a situação
as condições } Lage, Lebensumstände
as circunstâncias

Der Preis steht in keinem Verhältnis zum Wert.

Unter den gegenwärtigen/ derzeitigen Verhältnissen ist es besser, nicht in dieses Land zu reisen.

Die Höhe steht in einem vernünftigen Verhältnis zur Breite.

Das Verhältnis zwischen den Verhandlungspartnern ist gespannt.

Wußtest du von dem Verhältnis zwischen Mario und Anita?

Beachte:

Er lebt über seine Verhältnisse.
– *Ele vive acima de seus meios financeiros.*
im umgekehrten Verhältnis – *em relação inversa*

78. verstehen

entender – hören; etw von einer Sache verstehen
entender por – verstehen unter
compreender, perceber – begreifen, Verständnis haben
saber – es verstehen, (gut) können
dar-se bem/mal com alg – sich mit jdm gut/schlecht verstehen

Das verstehe ich nicht. Das ist zu kompliziert.

Ich habe Sie nicht verstanden.

Ich verstehe nicht viel von dieser Sache.

Sie versteht sich nicht gut mit ihrer Mutter.

Sie haben mich falsch verstanden.

Was verstehen Sie unter Tradition?

Das versteht sich von selbst.

Ich verstehe nicht den Grund für seinen Zorn.

Sie wollen sich scheiden lassen, denn sie verstehen sich schon seit langem nicht mehr.

Sie versteht es gut, die Zuschauer zu faszinieren.

Beachte:

jdm etw zu verstehen geben – *dar a entender a/c a alg*

79. Versuch (vgl. „Probe")

a tentativa – Versuch (allg.), etwas zu tun
o ensaio, o teste – Test, Probe
a experiência – wissenschaftl. Versuch

Wir werden mit der Maschine einen Versuch machen.

Sie unternahmen verschiedene Versuche, die Abstimmung zu blockieren.

Im Labor wurde eine Reihe von Versuchen durchgeführt.

Der Chemiker machte mehrere Versuche, um die Substanz nachzuweisen.

Alle Versuche, ihn zu überreden, waren vergebens.

80. versuchen

experimentar, provar – versuchen, probieren, erproben
tentar – wagen, Versuch machen
procurar – Anstrengungen unternehmen, sich bemühen um

Versuchen Sie doch mal diesen Wein.

Ich habe schon mehrmals versucht, ein Treffen mit ihm zu vereinbaren.

Versuchen Sie, einen Streit zu verhindern.

Versuchen Sie es mal mit diesem Schlüssel.

Sie versuchte ein neues Kochrezept.

Mit einem Bündnis versuchte er, die Niederlage abzuwenden.

Wollen Sie nicht einmal versuchen?

81. voll

cheio (de) – voll (von)
pleno – meist fig
completo – vollständig

Dieser Bus ist ziemlich voll.

Die Fertigung ist in vollem Gange.
Er ist voll ausgelastet/mit Arbeit voll eingedeckt.
Der Mandelbaum steht in voller Blüte.
Das Hemd ist voller Flecken.

Geben Sie bitte die volle Adresse an.

Beachte:

voll und ganz – *inteiramente, completamente*
mit vollem Recht – *com toda a razão*
aus vollem Herzen – *de todo o coração*
wir sind uns voll bewußt, daß
– *temos perfeita consciência de que*
Die Rechnung ist voll bezahlt.
– *A conta foi paga na sua totalidade.*
Bitte volltanken! – *Por favor, encha o depósito!*

82. vor

diante de
em frente de } vor (räumlich)
perante – fig
antes de – vor (von einem beliebigen Zeitpunkt aus gerechnet)
há/faz + pret. perf. simples – vor (von heute aus gerechnet)
com, de, por – Ursache

Ich erwarte Sie um 7 Uhr
vor dem Kino.
Ein Taxi hält vor dem Haus.

Ich habe sie vor einer
Stunde gesehen.
Vor der Abreise müssen wir
noch einiges erledigen.

Sie weinte vor Freude.
Wir stehen vor einem
Dilemma.
Ich bin vor zwei Stunden
gekommen.
Vor drei Wochen war ich in
Lissabon.

Wir können diese Angelegenheit nicht vor den Kindern
besprechen.
Sie starben vor Hunger.

Beachte:

vor allem – *antes de mais nada, sobretudo*

83. während

durante – Präposition (zeitl)
enquanto (que) – Konjunktion

Während ich den Brief
schreibe, kannst du mit
deinem Bruder alles klären.
Während der Ferien bleibt
das Geschäft geschlossen.
Während er die Schuhe
kaufte, hat man ihm seine
Brieftasche gestohlen.
Ich habe während der ganzen Zeit in dieser Wohnung
gewohnt.

84. Wahl; wählen

a escolha, a alternativa (entre) – Auswahl (zwischen)
escolher (entre) – (aus)wählen (zwischen)
a eleição – Wahl (polit.)
eleger – wählen (polit.)
a votação – Abstimmung
votar (por) – Stimme abgeben (für)
a opção – Entscheidung, Alternative
optar (por) – sich entscheiden (für)
marcar – (Telefonnummer) wählen

Es bleibt uns keine andere
Wahl.
Sie können zwischen beiden
Sorten wählen.

Wir schicken Ihnen verschiedene Muster zur Wahl.

Sie wurde mit 58% der Stimmen wiedergewählt.

Im Dezember finden Wahlen statt.

Wählen Sie die Null und warten Sie das Freizeichen ab.

Das Volk soll den Präsidenten wählen.

Die Wahl fiel unentschieden aus.

Der Kunde hat keine andere Wahl.

Er wurde zum Senator gewählt.

Ich habe den Kandidaten der Grünen gewählt.

Er wählte das kleinere Übel.

85. weit

longe (Adv), *distante* (Adj) – weit entfernt
extenso, amplo, vasto – ausgedehnt, auch fig
largo – lose sitzend (Kleidung)
longo – weit (Reise, Weg)
a que distância fica ... – wie weit ist es (noch) bis

Das ist eine weite Reise.

Ist es weit von hier bis zum Supermarkt?

Die beiden Städte liegen weit auseinander.

Man sieht das Haus schon von weitem.

Wie weit ist es noch bis zur nächsten Tankstelle?

Die Hose ist etwas zu weit.

Wir fuhren durch eine weite Ebene.

Sie ist ein Star im weitesten Sinne des Wortes.

Beachte:

Es kamen weit über 1000 Menschen.
– *Chegaram muito mais de mil pessoas.*
Das geht zu weit. – *Isso é demais.*
Mit seinen Kenntnissen ist es nicht weit her.
– *Os seus conhecimentos não são grande coisa.*
Es ist weit und breit kein Baum zu sehen.
– *Por toda a parte não se vê (nem) uma árvore.*
Er geht zu weit/treibt es zu weit. – *Ele exagera.*
Er wird es noch weit bringen.
– *Ele irá longe./Ele fará carreira/fortuna.*
bei weitem nicht
– *muito longe disso; nem de longe; ainda falta muito.*

86. weiter

mais (Adv) – darüber hinaus; Komparativ
outro – sonstig, übrig
continuar a + Infinitiv – weiterhin etw tun

Ich habe dazu nichts weiter zu sagen.

Hier ist weiter niemand.

Arbeiten Sie weiter!

Falls Sie keine weiteren Bemerkungen haben, schließen wir die Versammlung ab.

An weiteren derartigen Geschäften sind wir nicht interessiert.

Dein Bruder steht weiter vorn.

Auf der Rückseite geht es weiter.

Beachte:

bis auf weiteres – *por agora* (einstweilen)
                     até nova ordem (bis auf weitere Anweisung)
des weiteren – *além disso*

87. wie

como – Fragewort; Vergleich
que + Adj – wie (Ausruf)!
quanto – wie sehr? (in welchem Maß?), wie viel?
Que comprimento/largura/altura etc. tem isso?
– Wie lang/breit/hoch usw. ist das?

Wie alt ist er?

Wie breit ist der Tisch?
Wie geht es Ihnen?

Wie oft hast du angerufen?
Wie komme ich/kommt man von hier zum Bahnhof?
Wie lange dauert die Vorstellung?
Wie sympathisch!
Wie niedlich der kleine Hund ist!
Er hat es so gemacht wie ich.
Wie spät ist es?
Mein Bruder ist so groß wie ich.
Der Koffer ist schwer wie Blei.

Beachte:

wie dem auch sei – *seja como for*

88. zeigen

mostrar – sehen lassen
indicar – anzeigen
provar, demonstrar – vorführen, beweisen
revelar, manifestar – bekunden, offenbaren
apontar para – zeigen auf

Zeigen Sie mir bitte den Weg auf der Karte.

Sie zeigte mit dem Finger auf ihn.

Sie zeigen kein Interesse für das Angebot.

Sein/Ihr Talent zeigte sich schon sehr früh.

Er liebt sie, aber er zeigt es ihr nicht.

Zeigen Sie die Funktion der Maschine am Modell!

Seine Arbeit zeigt, daß er viel gelernt hat.

Sein Gesicht zeigt die Spuren seines Alters.

89. Zeit

o tempo – Zeit (allg)
a idade, a era – Zeitalter
o período; a época – Zeitraum; Zeitabschnitt
o prazo – Termin, Frist
a hora, as horas – Uhrzeit
a altura – bestimmter (meist vergangener) Zeitpunkt od. Zeitraum

Haben Sie Zeit?

Es ist Zeit zu gehen.

Während der Steinzeit verwendeten die Menschen Steine als Werkzeuge.

Haben Sie (die) genaue Zeit?

Es ist sieben Uhr Ortszeit.

Kommen wir zur rechten Zeit an?

Wir haben keine Zeit zu verlieren.

Sie müssen die Unterlagen innerhalb einer angemessenen Zeit vorlegen.

Zu dieser Zeit verstanden sie sich noch.

Es ist nur eine Frage der Zeit.

Das Visum gilt nur für eine Zeit von 6 Monaten.

Die heutige Zeit wird von der modernen Technik bestimmt.

Er ist ein Mann auf der Höhe seiner Zeit.

Beachte:

von Zeit zu Zeit – *de vez em quando*
zur rechten Zeit
– *a tempo; no momento oportuno; em devido tempo*
Es ist höchste Zeit. – *São mais que horas./É a última hora.*
Du liebe Zeit! – *Meu Deus!*
Laß dir Zeit! – *Não te precipites!*
mitteleuropäische Zeit (MEZ) – *Hora da Europa Central*

90. zunehmen

aumentar, crescer (em, por) – erhöhen, anwachsen (an, um)
engordar – an Körpergewicht zunehmen

Es sieht so aus, als hätte
ich zugenommen.
Der Wind hat an Stärke
zugenommen.
Haben die Schmerzen
zugenommen?
Die Einwohnerzahl der Stadt
hat zugenommen und damit
die Probleme.

Beachte:

Wir haben zunehmenden Mond.
– *A lua está na crescente./Está quarto-crescente.*

Nicht verwechseln!

Zeichenerklärung: $\neq$ entspricht nicht
 $\downarrow$ bedeutet

---

antiquarisch $\neq$ *antiquário*
 $\downarrow$ $\downarrow$
1. *antigo* 1. Antiquar
2. *em segunda mão* 2. Altertumsforscher

---

arretieren $\neq$ *arretar*
 $\downarrow$ $\downarrow$
1. *prender, deter* (verhaften) aufhalten;
2. *fixar* (techn.) beschlagnahmen

Artist $\neq$ *o/a artista*
 $\downarrow$ $\downarrow$
o/a acrobata Künstler

Aula $\neq$ *a aula*
 $\downarrow$ $\downarrow$
a sala de actos oficiais Unterrichtsstunde

Ball $\neq$ *a bala*
 $\downarrow$ $\downarrow$
1. *a bola* Gewehrkugel, Geschoß
2. *o baile*

---

1. Band m. $\neq$ *a banda*
2. Band n. $\downarrow$
 $\downarrow$
1. *o volume, o tomo* Orchester
2. *a fita*

Bestie $\neq$ *a béstia*
 $\downarrow$ $\downarrow$
a fera Tier, Vieh

Bilanz $\neq$ *a balança*
 $\downarrow$ $\downarrow$
o balanço Waage

Billiarde	$\neq$	*a bilharda*
$\downarrow$		$\downarrow$
mil biliões		ein Kinderspiel mit Holzstöcken

Dia	$\neq$	*o dia*
$\downarrow$		$\downarrow$
o slide		Tag

Dirigent	$\neq$	*o dirigente*
$\downarrow$		$\downarrow$
o maestro, *o chefe de orquestra*		leitender Angestellter

Disko	$\neq$	*o disco*
$\downarrow$		$\downarrow$
a discoteca		Scheibe; Schallplatte

Dose	$\neq$	*a dose*
$\downarrow$		$\downarrow$
a caixa, a lata		Dosis, Portion

Flaute	$\neq$	*a flauta*
$\downarrow$		$\downarrow$
a calma, a calmaria		Flöte

Flor (Gewebe)	$\neq$	*a flor*
$\downarrow$		$\downarrow$
a crepe		Blume

Granate	$\neq$	*o granate*
$\downarrow$		$\downarrow$
a granada		Granat (Mineral)

Graphiker	$\neq$	*o gráfico*
$\downarrow$		$\downarrow$
o gravador, *o desenhador*		graphische Darstellung, Graphik

Habilitation	$\neq$	*a habilitação*
$\downarrow$		$\downarrow$
(a tese para) o segundo doutoramento		Befähigung, Eignung

Import	⧧	*o importe*
↓		↓
a importação		Betrag; Kosten

Impressum	⧧	*o impresso*
↓		↓
o pé de impressão		Formular; Drucksache

Indianer	⧧	*o indiano*
↓		↓
o índio		Inder

Kapital	⧧	*a capital*
↓		↓
o capital		Hauptstadt

Karte	⧧	*a carta*
↓		↓
1. *o mapa* (Landkarte)		Brief
2. *o bilhete* (Eintrittskarte)		
3. *o (bilhete) postal* (Postkarte)		
4. *a ementa* (Speisekarte)		

Konkurs	⧧	*o concurso*
↓		↓
a falência,		Wettbewerb; Prüfung
a bancarrota		

Konto	⧧	*o conto*
↓		↓
a conta		1. Erzählung
		2. 1000 Escudos

Kostüm	⧧	*o costume*
↓		↓
o fato de saia e casaco;		Gewohnheit, Brauch
o traje		

Lokal	⧧	*o local*
↓		↓
o restaurante		Ort, Stelle

luxuriös	╪	*luxurioso*
↓		↓
luxuoso		üppig; zügellos

Minute	╪	*a minuta*
↓		↓
o minuto		Entwurf, Konzept

Objektiv	╪	*o objectivo*
↓		↓
a objectiva		Absicht, Ziel

Paket	╪	*o paquete*
↓		↓
o pacote; a encomenda		Postschiff

Patrone	╪	*a patrona*
↓		↓
o cartucho		Schirmherrin

Porto	╪	*o porto*
↓		↓
o porte, a franquia		Hafen

prima	╪	*prima*
↓		↓
de primeira qualidade;		1. Cousine
maravilhoso; muito bem		2. erste, vortrefflich (f.)

Promotion	╪	*a promoção*
↓		↓
o doutoramento		Beförderung, Förderung

promovieren	╪	*promover*
↓		↓
doutorar(-se)		fördern

Rakete	╪	*a raqueta*
↓		↓
o foguetão; o míssil		Tennisschläger

Referent	≠	*referente*
↓		↓
o relator; o encarregado		betreffend

Roman	≠	*o romano*
↓		↓
o romance		Römer

romanisch	≠	*romano*
↓		↓
românico		römisch

Sakko	≠	*o saco*
↓		↓
o casaco		Sack

Silvester	≠	*silvestre*
↓		↓
a véspera do Ano Novo		wildwachsend

Statist	≠	*o estatista*
↓		↓
o figurante		Statiker

Stipendium	≠	*o estipêndio*
↓		↓
a bolsa (de estudo)		Lohn, Gehalt

Tapete	≠	*o tapete*
↓		↓
o papel pintado/de parede		Teppich

Tempo	≠	*o tempo*
↓		↓
a velocidade		1. Wetter
		2. Zeit

Zigarre	≠	*o cigarro*	*a cigarra*
↓		↓	
o charuto		Zigarette	1. Grille
			2. Summer

Lösungen der Kontrollaufgaben (S. 5–6)

Die Zahlen in Klammern verweisen auf die Nummern der entsprechenden deutschen Stichwörter.

1. antes de (82)
2. má (63)
3. brincar/jogar (72)
4. continuaram (86)
5. faltou (26)
6. tão (69)
7. tamanho (38)
8. deixam (47)
9. debaixo da (75)
10. Quantos anos têm (2)
11. gostas (50)
12. levados (16)
13. à uma hora (74)
14. gostam (34)
15. sai (22)
16. depois do (52)
17. ouço (40)
18. tanto (69)
19. larga (85)
20. todo (1)
21. hei-de (70)
22. difícil (65)
23. ficar (13)
24. outra (5)
25. fácil (49)

26. contra (31)
27. meia (39)
28. pôde (44)
29. andar a pé (32)
30. curtos (45)
31. assim (69)
32. lugar (56)
33. leva (15)
34. precisam (15)
35. até (12)
36. visitam (10)
37. próxima (53)
38. erros (27)
39. mostram/mostraram (88)
40. sala (59)
41. jogos (71)
42. ganhar (76)
43. compreendeu (78)
44. cheias (81)
45. certa (61)
46. as terras (14)
47. pesada (65)
48. companhia (35)
49. trazem (16)
50. apanhei (8)

Index der portugiesischen Wörter

Die Zahlen verweisen auf die Nummern der deutschen Stichwörter, bei Seitenangabe auf die Rubrik „Nicht verwechseln".